다시 제자리

시에시선 **088**

다시 제자리

이영옥 시집

詩와에세이

차례__

제1부

몽돌 · 11
어디로 가는 거니 · 12
급행 2번 · 13
유리 공주 · 14
찻잔 · 16
도라지꽃 필 때까지 · 17
쉼표 · 18
뱅갈고무나무 · 19
그녀의 섬 · 20
꽃다지 · 22
그래서 2월은 · 23
나도 모르게 · 24
꽃차 · 25
덮어주다 · 26

제2부

안녕, 테미 · 31
책상에 앉아서 · 32
매미 울고 · 33
문턱 · 34
개꿈 · 35
평행선을 긋다 · 36
러닝머신 · 37
0.25mg의 유혹 · 38
봄은 정박(碇泊) 중이다 · 39
그 겨울 새벽 · 40
또 한세상 피어나고 · 41
말의 유언(流言) · 42
고드름, 수정 고드름 · 43
골목 끝에는 · 44

제3부

옥탑방 할머니 · 47
행복빌라 B—101호 · 48
그림자 밟기 · 50
거스러미 · 51
거미줄 · 52
먼지 1 · 53
먼지 2 · 54
먼지 3 · 55
먼지 4 · 56
먼지 5 · 57
먼지 6 · 58
먼지 7 · 59
불면에게 · 60
부화(孵化)의 법칙 · 61
바람이 센서등을 켠다 · 62

제4부

돌아가는 길 · 67
오래된 집 · 68
대문 열어둘까요 · 69
소주 한잔 · 70
사랑하는 채운, 귀하에게 · 72
다랭이 마을 · 74
은행선화동 흐리고 비 · 75
철거 이후 · 76
라쿠카라차 · 78
소용돌이 · 79
MRI 암흑지대 · 80
맹지(盲地) · 82
보름사리 · 83
또 올게요 · 84

해설 | 송기한 · 87
시인의 말 · 111

제1부

몽돌

기다림은 너울에 흔들렸다

몇 겹의 산 능선
걸음을 멈추고
짠물에 몸을 적신다

나의 하루는
숨차게 달려드는
파도를 견디는 일

손금조차 지워진
구부러진 해안선 따라
몸을 연 아침은
노을에 몸을 숨긴다

어디로 가는 거니

전봇대에 올라탄 메꽃
하늘로 뻗친다

어디로 가야 할지
알고는 있을까

보이지 않는 곳은
늘 궁금해

땅을 등지고 벗어날수록
막다른 저 겹겹의 허공

오르다보면 알게 될까
꽃이 별이 될 수 없다는 것을

급행 2번

소주 한 잔에 젖은 나를
싣고 간다

사람 낯가리지 않고
문을 여닫으며
그가 남긴 온기에
나를 앉히고

느리지도
빠르지도 않게
사람과 사람 사이
아득한 시간에 갇힌
나를 데리고 간다

유리 공주

로스앤젤레스 올림픽 응원으로
열광하던 1984년 여름
유천동에는 공주가 살고 있었다

흑장미 립스틱
팽팽한 가슴 보일 듯 말 듯
바비인형 같은 긴 속눈썹 깜빡거리며
서부 터미널 뒷골목을 지키던
유리 상자에 갇힌 그녀

맥없는 두려움이
발걸음 재촉하던 그녀의 골목

최저 시급 만 원을 넘겼다는 뉴스
릴레이 하는 영등포역 전광판에 꽂힌 시선들

대로변 한 블록 벗어났을 뿐인데
장마전선에 걸린 서울 하늘 아래

반쯤 열린 유리문에 펄럭이던 커튼 사이
습한 바람이 그녀의 속곳을 말리고 있다

찻잔

방금 거품 샤워 마치고
당신을 기다렸어요

내 안에 가득 온기를 채워
지친 그대의 하루를 저어봅니다

내 몸에 닿은 그대의 입술은 보드라웠고
내 몸을 감싼 그대의 두 손은 따듯했습니다

언젠가 모양 빠져
눈길 사라져도
기억할게요, 당신의 온기를

도라지꽃 필 때까지

같이 놀던 동무들이
낡은 골목길로 돌아간
어스름 녘

봉긋한 도라지꽃
톡톡 터트리며
심심한 투정을 했다

미안하다
저절로 필 때까지
기다리지 못해

쉼표

빨강 신호등 앞에 서면
30초의 여백이 있다

제한 속도를 피해 지나쳤던 풍경들이
잠시 정지하는 시간

와이퍼에 내려앉은 벚꽃 나비 유혹에
탄력 잃은 스타트

봄에게서 끌어낸 클랙슨 소리
방점을 찍는다

벵갈고무나무

브라운관 옆
삼 년 된 고무나무

아이 손바닥 같은 순한 잎
시시때때로 물주고
창문으로 바람 몇 점 들락거리더니
제법 두둑한 배짱이 생겼다

먼저 자란 잎에 기대
맨 꼭대기 배추벌레처럼 굽은 등을 굴린
연두 잎 하나
몸을 뒤틀며 올라섰다

물끄러미 바라보자니
한동안 꿈에도 오지 않으셨던 아버지
한 말씀 던져 놓고 가신다

"웃자라지 말거라"

그녀의 섬

그녀가 티얼스*를 부른다

버튼과 버튼 사이
세월을 뒤적거리던 간격의 틈에서
취기 오른 엉덩이
탬버린을 흔들며
지독했던 사랑을 주술한다

어지러운 발자국들이
중심을 잃고
눈먼 사랑과 집착이 한데 섞여
조명 아래 술잔으로 부딪치는 밤

발바닥 부르트도록 세상을 걸었을
그녀의 신발은 파도에 묻혔다

무선 마이크에 직직거리던
그녀의 휘청대는 사랑이

맨발로 빠져나간 도시의 밤바다
또 다른 섬을 찾아 나선다

*소찬휘 노래 「tears」

꽃다지

바람은 순서대로 불지 않았어

긴 겨울 쏘다니던 된바람
어깃장 놓아
굵은 나무도 어쩌지 못해
둘레둘레 옹이로 박혔네

빗나간 마음 잡초처럼 무성하고
계절과 계절 사이
여전히 뜸 들이던 말

지그시 눈 맞춘 한 뼘 햇살
사부작사부작
그대가 내게로 내린
꽃 사리

그래서 2월은

쿠팡 옥션 11번가를 들락거리며
꽃무늬 원피스를 찾는다

살랑거리는 쉬폰 소재 연잎 차 몸을 푸는 베이지색 노랑나비 사뿐 날아 앉은 유채꽃 사이사이 초록 잎사귀 몇 잎 톡톡 떨어진 원피스를 장바구니에 담았다

봄을 결제하려던 순간
튀르키에 강진 소식에
놓친 비밀번호

봄은 한사코 뒷걸음질 친다

나도 모르게

타임캡슐공원*에 가면
우주의 순정한 별을 만날 수 있다

천만도에서 탄생한 아기별
블랙홀에 빠질 때까지
백억 년을 산다지만

칠월의 숲은 아득히 캄캄한 날
문득 내 심장에 별 하나가 떴다

흐린 날도 없이
5,718광년 나의 은하수에 남은
별로 뜬 별

*해발 1,173m의 질운산 중턱 850m 높이에 있는 공원

꽃차

지중해 햇살 움켜쥔 케모마일
꽃잎과 꽃술이
안간힘 다해 몸을 풀면

뜨거운 입김으로
한 자락씩 옷을 젖힐 때마다
허락된 당신의 체취

미처 헤아리지 못한 문장들
서성대는 캄캄한 밤
초침이 머리를 쫀다

생에 단 한 번뿐인
나의 오십에게 길을 묻는다

덮어주다

칠월에 옥상으로 자리를 옮긴 어린 새깃유홍초
정월 초이틀
가녀린 뿌리 얼어붙을까
흙 이불을 덮는다

허물을 덮고
가난을 덮고
아픔을 덮고
덮어주다를 따라가다 보니
눈물길이 되었다

창호지 뚫던 바람 곁
다닥다닥 어깨를 맞대고 자던 겨울밤
차버린 솜이불 끌어 덮어주던
손끝이 따뜻했다

성근 내 이력의 틈으로
간혹 매운바람 불고

깊숙한 어둠 속으로 움츠러들 때
기억이 기억에게 배려했던
막힌 눈물길이 온종일 흘렀다

겨우, 사십 년 내 곁에 있어 준 엄마가
별꽃으로 피었다

제2부

안녕, 테미

도시락 반찬통 채울 콩나물 백 원어치
숨구멍만 열어 두었던 이십이공탄

쌀뜨물과 빤스 빨던 비눗물이
한 데로 소용돌이치던
내 사춘기의 그림자

벚꽃잎 까르르 흩날리던
비탈진 테미 고개에 가면
점멸등 깜빡거리며
열일곱이 걸어나온다

책상에 앉아서

힘줄 뻗친 다리로 수평을 맞춘 책상은
네모난 구역을 가졌다

언제든 기울 수 있다는 계시였지만
수평 위에서 짜내는 통증은
헐거워진 중심을 붙드는 일이었다

수평 위에 펼쳐진 종잇장에는
두 번 붓고 열 번 남은 적금통장과
계약 만료 다가오는 월세 계약서와
진부한 언어들이 고개를 든다

살아 있다는 것은
안간힘으로 버티다
언제든 무너질 수 있는
삐끗거리는 다리 하나

매미 울고

엉엉, 소리 내
울고 싶은 날

나무 옹이에
몸뚱이 하나 얹어 놓고

나뭇잎 사이 쪼개진 빛들이
어둠을 찢으며 울고 있다
심장에 스밀 때까지

문턱

따라온 바람을 닫는다

남의 눈에 띌새라
애타는 내 사랑에
머큐롬을 바른다

문을 닫아도
어느새 먼저 들어와
눈에 밟히는
틈새 공략

수시로 툭툭 발길질에 채여도
쉬이 뽑히지 않는
질긴 뿌리를 흔들며 고름을 짠다

개꿈

낙엽이 굴렀어
바람이 밀어주는 만큼
구르다 서고
또 구르다 멈춘다

센 바람 불어 낭떠러지로 밀려날 쯤
엄마는 다독이며
개꿈이라고 했어
키 크려는 거라고

이순에 당도할 나이
아직도 더 자라날 키가 있는지
잔바람에도 모서리에 간당거리는 내가
밤마다 찾아온다

평행선을 긋다

비에 젖은 고추잠자리
평행선으로 날개를 폅니다

나는어디든날수있어그늘진강둑을거쳐푸른하늘을신
고나르다달빛물든억새풀사이에서잠을청하고내게주어
진계절을온전히누빌거야

동그랗게 세상을 굴리던 잠자리 눈
언덕 너머 골짜기까지
빗물에 붉게 충혈된 가을

바람이 이끄는 대로
가장 겸허한 자세로 허리를 접은 낙엽
사붓이 내려온 비릿한 기억
시멘트 바닥에 몸을 눕힌다

러닝머신

나는 아직 제 속도로 달리는 법 배우지 못했을까

날마다 침침한 시간을 달렸다
어둠이 깊어질수록 더 또렷한 야경
오늘 이만큼만 달려도 되느냐고
괜한 하늘에 삿대질을 했다

"나는 밖에서 일하는 게 좋아요"
근거 없는 말을 하곤 했지만
노모에게 아이 셋이나 맡기고 나와
뭐 그리 신날 일 있었을까

서둘러 집을 나서는 엄마와 떨어지지 않으려
대문까지 따라나서던 어린 눈망울
한 번도 그윽한 눈빛 건넨 적 없는
조바심이 레인 벨트에 감긴다

0.25mg의 유혹

까시러진 어둠이
불면의 돌기로 돋는 밤

곤한 잠자고 싶어
7일분 수면제를 처방받은 날

칸칸이 들어 있는 알약
0.25mg 한 알로 단잠 잘 수 있다면

일곱 알 한꺼번에 삼키면
밤마다 냉혹한 사할린을 떠도는
거미줄에 걸린 상념 제치고
꿀잠이 올까

봄은 정박(碇泊) 중이다

꽁꽁 얼어붙은 시어를
베어 문 이른 봄날

안팎을 경계한 담장에
겨울 나뭇가지 사이
부르튼 입술마다
상처로 핀 당신이 비에 젖는다

꽃이 피고 잎이 지고
기억의 모서리에
한 번도 떠난 적 없는 너는

어디를 떠돌다
서로 다른 곳에 닻을 내렸나

그 겨울 새벽

새벽은 알람보다 먼저 깨어났다

갓 시집온 며늘아기 부처당* 오르는 길
서리꽃 털어내며
걱정스레 아버님 앞서 걷는다

주춤거리던 손
선뜻 잡아주지 못하고
'큼큼' 헛기침
무서워 말라는 신호였을까

고대하던 손자
안겨드리지 못한 마지막 배웅 길

오래도록 묻어둔 시간
그 겨울의 미명(未明)은
마애불 정수리에 서성인다

*마애여래좌상: 대전광역시 시도유형문화재 제19호 지정되기 전, 보문산 인근주민들이 쓰던 명칭.

또 한세상 피어나고

또 한 번 피어보려고
마디마디 무너지는 관절 주무르며
겨울 강을 건넜다

침묵과 침묵 사이
욱여넣던 숨

바람 잘 날 없는 세상
다시 만나자는
우리의 약속은 연약했지만
흔들림 없던 시간 있었을까

오랜 신열을 견디고
열꽃으로 핀 개나리자스민

말의 유언(流言)

그것은 혀끝에서
색도 없이
아무 데나 튕겨나갑니다

당알당알
가슴에 뿌리를 내리다
옆으로 뒤로 엉켜
심장을 탐내기도 합니다

담쟁이 발톱처럼
우두둑 걷어낼 수도 없이
흡착귀가 되어
제멋대로 씨를 퍼트리다가
우후죽순 일어섭니다

근본 없이 파종된 씨들은
아무데서나 꼬랑지 흔들며
널을 뜁니다

고드름, 수정 고드름

너에게 가는 길은 추웠다

칼바람 맞선 사각지대
어둠이 깊어지면
당신에게 닿는 깊이 알지 못해
물구나무 선 그리움

때로는 흔적 없이 무너질지 모를
언 손 부비며 뻗어 보지만
처마 끝에 매달려
날이 밝도록
서러운 옹이를 튼다

다시 그 겨울이면
마디마디 자라나
기어이 쏟아지는 눈물 기둥

골목 끝에는

"거기 위치가 어디야" 묻는 시인에게
정동사거리 대명슈퍼 주변이라 대답했는데
"구(舊) 대전MBC?"
답하시는 원로 시인
1970년 골목으로 걸어오신다

김관식 형과 나누던 막걸리 한 잔이 고프신 걸까
활자판에 미처 부리지 못한 시 한 줄 생각나셨을까

시(詩)가 놀다 간 자리
글쟁이들이 허름한 주머니 털어
문학(文學)을 안주한 골목

인쇄 거리 이정표를 매달고
눈발 분분히
혹한에 묶인 낡은 글씨들이
종이에 몸을 굴린다

제3부

옥탑방 할머니

　두 평 남짓 옥탑방에서 꽁초를 물고 나온 그녀가 지나간 자리에는 바람이 흩어진다 화분에 고추는 가을로 붉어지고 몇 잎 남은 상추는 시들하다 헝클어진 머리카락 쓸어 넘기며 연거푸 담배 연기 빨아들이는 주름진 볼은 움푹 고랑이 진다

　가끔 찾아들던 사내들은 잊었지만 오랫동안 가지 못한 고향 길은 선한데 모래알처럼 버석대는 몸으로 돌아갈 수 없어 안간힘으로 버텨온 삭신을 옥상에 말린다

　슬픔도 꽃으로 피던 날 있었지
　스르륵 몸을 지우며 들어간 그녀 뒤로 담배 연기 하늘에 꼬리를 문다

행복빌라 B—101호

인력시장 가는 길은 희망이었다

공치고 돌아온 날
깨진 미닫이문으로
새벽을 가르는
아침밥 냄새

그륵그륵 지나치는
허리 굽은 유모차 소리
뱃속을 기웃댄다

골목의 소리 베고 누운
반지하 월세방
바닥을 드러낸 일용할 양식은
내 창문에 걸린
햇살 한 줌 같은 거

황 씨의 방공호는

어디에 총구를 겨누고 있나

그림자밟기

얼마나 걸었을까
하루에 처박힌 나를 깨워
앞서거니 뒤서거니
여기까지 왔을까

변변찮은 세상살이
삐뚤삐뚤 걸을 때도
달빛에 숨죽여 가며
맨발로 따라오던
한 번도 나를 따돌린 적 없는
가난한 목숨 하나

내 방까지 따라와
웅크리고 있다

거스러미

악착같이
같이 살고 싶었다

생살에 떼어진
핏물 고인 자리
상처가 상처를 보듬는다는 것은
침묵과 고독이 번갈아
부었다 가라앉기를
반복하는 일

작은 틈 비집고
내 몸 가지 끝에
물끄러미 피어나는 꽃

거미줄

시작과 끝이 지워진
그대에게 가는 길은
보이지 않았다

나의 시작은
수시로 바람에 흔들렸고
이슬의 무게로 사라진 길

허물린 담벼락 사이
밤새
실핏줄을 뽑아낸 길

다시 새벽이면
보고픔이 그네를 탄다

먼지 1

당신이 묻어온 분분한 시름
보풀처럼 쌓인다

뒤채는 삭신 눈에 띌까
구석구석 떠돌다 옹송그린 몸

어쩌다 끼어든 빛의 틈새로
아침을 날름거리는 문풍지의 혓바닥

걸어 잠근 경계를 풀어
날고 싶었다, 가볍게

먼지 2

구석으로 몰린 나는
자꾸 비대해졌다

날 선 시선들을 피해
공중 부양 몸을 날려도
다시 제자리

언젠가 소용돌이 속으로
빨려 들어갈 침묵은

오늘을 살아남긴
그의 한숨 한 덩이

먼지 3

술에 취해 새벽으로 들어온 그는
가만히 있는 나에게 발길질을 해댔다

실내 포차에서 들이마신 홍합 국물 냄새가 났다
빗물과 소주에 적신 운동화 끈
온종일 오물거리던 낱말들이
내 곁에서 끈적였다

꼼짝 없이 갇힌 날
바람 길이 몸을 숨겼다

먼지 4

옹색했어
송충이처럼 들러붙어 살다 보면
내 몸 하나쯤 부양할 곳 없겠냐고 따라붙었지

세탁 통에 갇혀
진드기 같은 몰골
툭툭, 털고
날고 싶었어

꺾인 무릎만 펼 수 있다면

먼지 5

로열층 넓은 평수가 필요한 건 아니에요

새집증후군 그런 건 없어요

반기는 이 없는

묵혀둔 자리

작은 안식처를 찾아

쌓이는 허기진 그리움

먼지 6

누군가에게 더없이 소중했을
맥없이 앓아누운 깜깜한 시간
나의 무게는 얼마나 될까

나는 또 며칠째
더께 같은 눈꺼풀을 치켜뜨고
돌아갈 곳 없는
낯선 길에 눈을 돌린다

바람이 웅크린 창턱 넘어
몸을 감춘 그림자
하늘에 길을 낸다

먼지 7

어제는 돈벌레가 슬그머니 곁으로 와 손을 내민다
못 이기는 척 곁을 내주었다
한참을 거미줄에 걸린 듯 요동치다 도망쳤다

불을 끄고 누운 저녁
어둠이 기어 다닌다

불면에게

햇살에 심지를 꽂은 야광등은 어둠을 깨웠다
암막 커튼으로 생각을 가려도
꼬리에 꼬리를 문 언어들이
잠의 먹잇감을 찾아 온방을 누볐다

온전히 나를 사랑하지 못한 내게
기우뚱해지는 동안
생각이 생각의 꼬투리를 잡고
머릿속을 서성인다

대문 밖 새벽 배송이 도착할 쯤
밤의 불빛은 힘을 잃고

당신은 슬그머니 나를 놓아주었다

부화(孵化)의 법칙

이빨 자국으로 남겨진 피자 조각
알맹이만 빼먹고 돌돌 말린 사과 껍질
믹스 커피 말라버린 종이컵
마구잡이 쓰레기통에 넣었다

너는 무엇이냐고 시시때때로
묻는 나에게
답 한번 못해 준
물음표를 함께 넣었다

쓰레기 수거 날
모아진 쓰레기통을 여니
우~~ 날아오르는 날파리들

다시는 꺼내 보지 않으리라
버린 생각의 부스럼들
어두운 통 속에서도 부화하고 있었다

바람이 센서 등을 켠다

나이 든 골목은 초저녁잠에 빠졌다

길고양이 종량제 봉투를 기웃거리다
터벅터벅 고요를 긋는 발자국 소리에
급하게 움츠린 골목

파지 싣던 유모차 할머니
차비 달라 손 내밀던 아저씨
종이 뭉텅이 나르던 지게차
치매보호센터 차에 할매 떠밀던 할아버지도
모두 제집으로 돌아가고
즉석밥 데우는 저녁

손닿지 않는 그곳은
때때로 나를 끌어들인
두레상에 둘러앉은 따뜻한 얼굴들
단단히 꿰매둔 눈물샘
솔기를 빠져나와

조용한 골목을 속살거린다

제4부

돌아가는 길

녹슨 바람 서성대는 문을 열면
온기마저 납작 엎드려
어린 시간이 문고리를 잡는다

객지에 나간 막내딸 온다는 날
강경 장에서 사온 고등어 한 손
자박자박 끓던 등 푸른 꿈들
나박 썬 무에도 배어들었다

남은 시간 지워가는
발걸음 잦아질수록
내 몸에 길을 내는
낡은 알레고리들

당신을 기다리는
사발 하나
우두커니 시렁에 남았다

오래된 집

해쓱한 담장
한 손으로 매달린 시래기가
시계추를 흔든다

아이의 아이보다 더 오래된 창이
벽돌 틈에 허물을 턴다

책장에 꽂힌 앨범에 되감긴 필름은
자르고 자른 허기를 끌어안고

아이의 낭창했던 울음
첫걸음마 박수 소리 달빛으로 쏟아져
하루라도 더 어미젖 물리고 싶은
기막힌 순간들이 목이 멘다

삭히면 가라앉을 줄 알았지
오래된 기억, 그 끝에는
외로운 심장에 별이 뜬다

대문 열어둘까요

어머니, 밤새
지팡이 톡톡 치며
헤아린 시간

끼니 거르지 말어야
사람은 밥심으로 사니께
딱지 않을 귀막힌 소리

오늘 새벽
그 말씀도 잊은 채
더딘 걸음 지팡이 앞세워
대문 활짝 열고
그리움을 마중하는 어머니

소주 한잔
—안일상 선생님을 기억하며

산성동 날망길을 걷습니다
걸핏하면 찾아가 소주 한잔 사 달라 보채던 주막집

십이지 두 번은 돌아야 할 터울 무색하게
까마득 어린 술주정
분간 없는 말, 들어주셨지요

이팝꽃 하얗게 눈부신 날
앙상한 손을 잡고 남선공원을 걷습니다
걸음도 아픈지 몇 걸음 걸어두고
홀로서기 나선 제 걱정 앞서던 길

스물에 팍팍했던 세상은 여전한데
푸념 한소끔 들어줄 선생님은
손 닿지 않는 건너편에 계십니다

선생님, 남선공원 이정표에서 만나요
오늘은 맑은 소주 한잔 따라 놓고

가로등 불빛 시들 때까지
그렇고 그런 싱거운 이야기
나누고 싶습니다

사랑하는 채운, 귀하에게

프랑스 큰딸네 집으로 떠난다는 소식을 마지막으로
다시 귀하가 나타난 것
난소암 수술을 받고 투병중이라는
소식을 가지고 왔습니다

본래도 없는 몸집이
더 작고 야위었는데
귀하는 더 크게 웃으시고
더 씩씩합니다

"선생님 은발이 너무 잘 어울려요"
위로랍시고 건넨 말에
"그 분이 나에게 암을 주고 미안했나봐,
머리카락은 다시 자라게 해주신 걸 보면…"

당신의 그 분을 미워도 하련만
항암 치료에 눕지도 앉지도 못하는
구토와 통증의 밤을

고마운 일상으로 받아들인 칠월,

당신의 느티빛 그늘에
그윽이 닿고 싶은 날입니다

다랭이 마을

층층이 바다를 품은 다랭이에는
상추 시금치 봄동 양파 유채 모두
바다와 결을 맞춘다

바다가 내어준 바람을 따라
조붓한 고랑마다 물길을 내고
짭쪼름한 해풍 맞은 이랑에는
잡초가 꽃인 듯
꽃이 너울인 듯 아리랑 춤을 춘다

춤사위 끝을 따라가다 보면
나를 지켜보는 등대가 있다

은행선화동 흐리고 비

'미세 좋음 초미세 좋음'
뜻밖의 스팸 문자

잘됐다, 오늘은
겨우내 들락거리던
새로 뚫린 지하도 말고
목척교로

우산 챙기지 말고
흠씬 맞고 쏘다녀야지

철거 이후

지문을 기억한 문고리가 덜컹거렸다

헐렁한 마당 빈속을 드러내고
어깃장 놓고 드러누운 냉장고
덩그러니 푸른 잎 몇 개 매단 대추나무
골목으로 몸을 비튼다

재개발 지역 높이 띄워 올린 피날레 풍선은
허물린 벽에 누더기처럼 들러붙고
자꾸만 파헤치고 끄집어내던 포클레인 속으로
아이들이 뛰어놀던 소리가 파고들었다

지금은 철거 중
한 번은 조금 느리게
한 번은 기우뚱
한 번은 똑
할머니 세 발자국 소리 흩어진다

할아버지 먼저 보내고 떠난, 할머니
서울 아들집은 편안하신지

둘러싸인 벽들이 하나씩 무너질 때마다
바람은 제 길을 연다

라쿠카라차

터덕터덕 헛발질 몇 번 하던
옥상 벽시계가 멈췄다

꽃대궁 노랗게 밀어올린 수선화
맥없이 고꾸라진 봄

담장에 납작 붙어
쪼개진 담벼락 틈으로
제집인 줄
대가리 들이대는 바퀴벌레

종이, 가죽, 머리카락, 비누, 치약, 본드, 손톱
닥치는 대로 삼키며
쏘다니는 그 얼굴

집 하나 갖지 못한 채
화석의 시간을 건넌다

*라쿠카라차: 스페인어로 바퀴벌레를 말함. 3천5백만 년 화석의
 모양과 변함없는 '살아 있는 화석'이라고 함

소용돌이

좁은 아가리를 빠져나오지 못한
싱크대에 엉긴 찌꺼기
수세미로 박박 문질렀다

열린 창으로 사나운 겨울바람이 들어왔다
거두어 낼 수 없는 묵혀둔 마음이
창틀에 바들바들 붙어 있다

일년을 하루같이
머리를 비비적대던
거래명세서납품서세금계산서전자계산서견적서청구
서원가산출내역서계약서도서출판증명서도서발행증명
서위탁서타견적서출고내역표준계약서하자이행신고서
결제계좌신고서지출결의서발간내역서도서납본서신간
안내서급여명세서작업보류서반품서

쏴악 물이 빠져 나갔다

MRI 암흑지대

홑겹 가운으로 몸을 가린 내게
귀마개로 고막 틀어막고
이어폰을 걸어 줍니다

쩌럭쩌럭 기계음 사이
'바램' 노래가
소음을 비집고 들려옵니다

막막한 기계통 속이
이렇게 편안해도 될까

익기도 전에 굳은 머리
머릿속을 마우스 하나로
부풀렸다 줄였다 훑어본 의사는
앞만 보고 달려온 뒤통수에
흠집을 낸 뒤에야
나를 놓아 줍니다

동행이란 이름으로 함께 걸어온 사람들이
한 사람씩 사라진 막다른 골목
오래 혼자인 침묵이 서성입니다

맹지(盲地)

한 차례 소나기가 지나갔다

까맣게 타들어 간 간장독
귀퉁이 떨어진 다듬잇돌
주인 없는 개 밥그릇
아무렇게 버려진 마당에서
4월이 꽃비를 맞는다
미처 쏟아붓지 못한
몽글몽글한 먹장구름
허물린 담에 다리를 걸친다

성긴 바람 다녀간 아버지의 땅
지지대를 받친 4월이 집중호우로 쏟아진다

보름사리
—서해 갯벌에서

달빛 품은 바다는
묵은 가래를 토했다

이울 듯 들어오고
기울 듯 나서는
진흙 길에 새긴 새 발자국
찍혔다 지워지는 동안
얼마나 많은 별들이
가슴에 떴다 사라졌을까

하루하루 덧댄
밀리고 쓸리며 살아가는
주름진 서해의 몸짓

밀물과 썰물이 다녀간
행간에 빼곡히 적힌
유영(游泳)의 흔적들

# 또 올게요

호남고속도로 벗어나
첫 번째 꽃집에서
오늘은 백일홍을 샀어요

뜸했던 발걸음 나무라지 않으시고
민들레 먼저 고개 끄덕이며 맞아주네요

한눈에 들어오는 곳에
나 대신 엄마 곁에 오래 있어 줄
꽃을 심었어요
놀다 보면 수시로 엄마가 다녀가요

봄 쪽문 살그머니 밀고 마실 오세요
이승에서 도란도란 할 새 없이
일만하다 가셨으니
세 모녀 만나 한유하게 놀다 가셔요

엄마 오래 기다리지 않게

망초꽃 피기 전에 또 올게요

해설

그리움으로 향하는 단정한 언어의 숨결

송기한(문학평론가 · 대전대학교 교수)

1. 꽃차의 여유와 성숙함

이 시집은 이영옥 시인에게는 여덟 번째이다. 적지 않은 시집을 펼쳐내 보였는데, 이는 바쁜 일상에도 불구하고 섬세한 감수성을 꼼꼼한 언어로 짚어내는 시인의 성실함이 이루어 낸 성과이다. 시인이 구사하는 시어들은 단정하고 세련되어 있거니와 기존의 관습 또한 거부한다. 기교를 부리지 않으면서 이런 수준에 언어를 올려놓는 솜씨야말로 장인의 경지라 해도 틀린 말이 아니다.

시인은 이제 연륜으로 보거나 시인으로의 경력으로 보나 원숙한 경지에 이르렀다. 이런 감각은 서정주가 「국화 옆에서」에서 묘사했던 성숙한 누님의 자화상과 비슷한 것처럼 보인다. 그 안락한 정서가 시인의 시를 읽는 독자에게도 그대로 전달되어져 동일한 느낌을 환기시킨다. 시인이 던진 언어 속에 자아를 여과시키게 되면 무언가

알 수 없는 편안함이랄까 흔들리지 않는 조화를 느끼게 되는 것도 이 때문이다. 그러한 정서를 가장 잘 대변하는 시가 「꽃차」이다.

> 지중해 햇살 움켜쥔 케모마일
> 꽃잎과 꽃술이
> 안간힘 다해 몸을 풀면
>
> 뜨거운 입김으로
> 한 자락씩 옷을 젖힐 때마다
> 허락된 당신의 체취
>
> 미처 헤아리지 못한 문장들
> 서성대는 캄캄한 밤
> 초침이 머리를 쫀다
>
> 생에 단 한 번뿐인
> 나의 오십에게 길을 묻는다
> ―「꽃차」 전문

지금 서정적 자아는 '꽃차'를 앞에 두고 거기서 흘러나오는 향기와 맛을 향유하고 있다. '꽃차'는 생존의 거친

무대를 지나 이제는 세월의 무게로부터 벗어나 있는 상태이다. 그러한 까닭에 이 차는 타자를 돌볼 수 있는 위치에 올라서 있다. 서정적 자아는 그런 '꽃차'의 여유와 향기에 듬뿍 젖어서 자신 또한 그와 동화되려 한다. 하지만 대상과의 서정적 황홀을 통해서 하나가 되고자 하는 자아의 노력에도 불구하고 '꽃차'는 그런 자아로부터 한 걸음 벗어나 있다. 자아와 대상 사이 놓인 거리, 곧 꽃차와 자아의 간극이 좁혀질 수 있는 가능성은 발견되지 않는 까닭이다. 대상과 동일성을 유지하려 하되 결코 하나의 유기적 관계로 탄생할 수 없는 것이 이 작품이 갖고 있는 중요 음역이라 할 수 있다.

하지만 대상과의 지루한 평행선 속에서 자아의 역할이 방기되거나 소외되어 있는 것은 아니다. 서정적 자아는 그러한 관조 속에서 이번 시집의 주요 특징적 단면 가운데 하나인 자아의 정체성을 탐색하는 근거를 마련하기 때문이다. 지금 서정적 자아는 꽃차 앞에서 사색의 지대를 탐색하고 있다. 그리고 그 향기 속에서 이성이 일시적으로 마비되는 경험을 하게 된다. 이 경험은 어쩌면 존재론적 불안이나 현실의 고뇌로부터 자아를 무력화시키는 기제가 되는 것처럼 보인다. 물론 이런 고립이 부정적인 것이라고 할 수는 없을 것이다. 이는 현실에 대한 무의식적 벗어남이기에 자유의 지대로 유영하는 해방감과 연결되고 있기 때문이다. 하지만 이런 정서가 대상과의 완전한 동일체의 수준에 이르는 것은 아니다. "미처 헤아리지 못한 문장들"이 한밤중 "초침이 되어 머리를 쪼"기 때문이다. 이는 곧 의식의 각성이거니와 이로부터 자아는 다시 존재론적 한계라든가 현실의 번뇌 속으로 갇히게 된다. 이런 감각을 단적으로 드러내는 부분이 마지막 연이다. "생에 단 한 번뿐인/나의 오십에게 길을 묻는" 회의지대 속으로 다시 들어가는 까닭이다.

현존에 대한 회의나 존재에 대한 시인의 의문들은 이렇듯 주로 밀폐된 공간에서 이루어진다. 자아에 대한 모색이 고립의 공간에서 이루어지는 것이 효과적이라거나 긍정적이라는 측면에서 보면, 이는 어느 정도 설득력이 있는 경우라 할 수 있다. 「꽃차」와 더불어 자아를 반추하는 또 다른 작품인 「MRI 암흑 지대」도 밀폐된 공간 속에서 형성된다.

자아는 자신의 주변과 연결되는 것들은 가급적 차단시켜 놓고 스스로에 대해 의문의 부호를 던진다. 하기사 유기적 그물망으로 촘촘히 연결되어 있는 지대에서 자아를 성찰하는 일이 쉽지 않음을 감안하면, 이런 의장은 어느 정도 설득력이 있는 것이라 할 수 있다. 그 연장선에서 시인이 주목한 대상이 먼지의 상상력이다. 시인은 이번 시집에서 여러 편의 '먼지' 연작시를 발표하고 있는데, 이

소재들은 대부분 자아의 존재론적 국면과 연결된다. 그런 다음 먼지가 갖고 있는 고립적 성격을 환기시켜 이를 서정화한다.

> 구석으로 몰린 나는
> 자꾸 비대해졌다
>
> 날 선 시선들을 피해
> 공중 부양 몸을 날려도
> 다시 제자리
>
> 언젠가 소용돌이 속으로
> 빨려 들어갈 침묵은
>
> 오늘을 살아남긴
> 그의 한숨 한 덩어리
>
> ―「먼지 2」 전문

먼지는 중심을 차지하지 못한다. 그러므로 자꾸 구석으로 밀려나면서 거기서 스스로의 거주 공간을 마련한다. 그것이 곧 먼지의 고립성이거니와 먼지는 거기서 "자꾸 비대해지는" 존재론적 변이의 과정을 거친다. 먼지가 비대해진다는 것에는 두 가지 서정적 진실이 내포된다. 하나는 물리적, 사실적 국면이다. 구석에 쌓인 먼지는 여러 먼지와 결합되어 부피를 확장시켜 나간다. 이런 팽창이란 물리적인 영역, 곧 일상의 영역이자 사실적 차원에 속한다. 하지만 먼지가 자아로 대치되는 비유의 차원이라고 한다면, 그것의 팽창이란 사유의 확장과 분리하기 어려운 감각으로 전이된다. 고민의 흔적이 깊어지고 형이상학적인 번뇌 속에 갇히게 되면, 자아가 팽창되는 것은 지극히 당연하기 때문이다.

　서정적 자아는 이렇듯 원숙함의 지대에서 그러한 정서를 온전히 자기화하지 못한다. 그것이 서정주의「국화 옆에서」의 누님과「꽃차」의 자아를 구분시키는 지점이라고 할 수 있다. 자아는 원숙미를 자랑하거나 뽐내지 못하고 현존의 문제라든가 존재의 한계에 대한 고민의 늪으로 계속 스미고 있는 것이다.

2. 실존적 그리움의 세계

'꽃차'가 주는 여유로움과 마취력 강한 그 향기 속에서 원숙함에 이르지 못한 서정적 자아는 또 다른 서정의 공간을 찾아 나서게 된다. 그러한 정서가 만들어 낸 것이 이번 시집에서 전략적 주제 가운데 하나로 드러나는 실존적 그리움의 세계이다. 그리움의 정서는 현존하는 대부분의 시인들, 혹은 인간들에게 보편적인 것이기에 시인만의 고유한 것이라고 할 수 없을 것이다. 보편이란 일반의 고유성이나 특수성을 인정하지 않기 때문이다. 그럼에도 시인은 보편이 주는 일반화된 정서로부터 자아를 분리시키려든다. 그러한 분리가 시인만의 고유한 그리움으로 표상된 것인데, 이를 잘 일러주는 작품이 「고드름, 수정 고드름」이다.

너에게 가는 길은 추웠다

칼바람 맞선 사각지대
어둠이 깊어지면
당신에게 닿는 깊이 알지 못해
물구나무 선 그리움

때로는 흔적 없이 무너질지 모를
언 손 부비며 뻗어 보지만
처마 끝에 매달려
날이 밝도록
서러운 옹이를 튼다

다시 그 겨울이면

마디마디 자라나

기어이 쏟아지는 눈물 기둥

—「고드름, 수정 고드름」 전문

  무언가를 그리워한다거나 대상에 대한 욕망이 있다고 해서 그것이 곧바로 성취되는 것은 아니다. 그렇기에 서정적 자아는 "너에게 가는 길은 추웠다"고 말하게 된다. 신화적 맥락에서 추위란 곧 죽음의 계절이거니와 그러한 까닭에 이 환경이 어떤 생산성으로 연결되지 않는다. 대부분의 자아들은 이런 단계에서 모두 좌절을 경험하게 되고, 그러한 소극성이야말로 목표에 이르고자 하는 자아의 의지를 무너뜨리게 된다.

  하지만 서정적 자아의 의지는 그런 일반화된 수준을 뛰어넘는다. 고드름이라는 대상으로 거듭 태어나 자아가 원하는 욕망의 지대로 계속 나아가려 하기 때문이다. 이런 의지 앞에 "칼바람 맞선 사각지대"라든가 "깊은 어둠" 따위는 장애물이 되지 않는다. 뿐만 아니라 시인이 그리워하는 대상, 곧 당신에게 닿는 깊이가 어느 정도인지 가늠이 되지 않더라도 좌절하지 않게 된다. "물구나무 선 그리움"으로 무장된 자아의 의지는 꺾이지 않는 까닭이다.

  그리움이란 현존의 불안이나 결핍이 있기에 생겨나는

것이다. 시인에게 이런 정서는 자아를 외부 현실과 고립시키고, 그 밀폐된 공간에서 얻어진 감각이다. 그렇기에 시인의 그리움은 존재론적인 것이기보다는 실존적인 것에 가까운 것으로 이해된다. 시인이 이번 시집에서 일상의 현존과 연결되어서 솟구치는 그리움의 정서에 보다 큰 친연성을 갖는 것도 이 때문이라 할 수 있다. 시인의 시집에서 전략적으로 드러나는 모성에 대한 그리움의 정서 역시 이와 밀접한 연관성을 갖고 있다.

칠월에 옥상으로 자리를 옮긴 어린 새깃유홍초
정월 초이틀
가녀린 뿌리 얼어붙을까
흙 이불을 덮는다

허물을 덮고
가난을 덮고
아픔을 덮고
덮어주다를 따라가다 보니
눈물길이 되었다

창호지 뚫던 바람 결
다닥다닥 어깨를 맞대고 자던 겨울밤

차버린 솜이불 끌어 덮어주던
손끝이 따뜻했다

성근 내 이력의 틈으로
간혹 매운바람 불고
깊숙한 어둠 속으로 움츠러들 때
기억이 기억에게 배려했던
막힌 눈물길이 온종일 흘렀다

겨우, 사십 년 내 곁에 있어준 엄마가
별꽃으로 피었다

―「덮어주다」 전문

  시인의 현존에 있어 어머니는 절대적인 공간을 점유한다. 어떤 개인에게 있어 모든 부분을 차지하고 있던 존재가 어느 날 갑자기 빠져나갔을 때, 그 여백은 크고 깊게 다가온다. 하지만 깊이 패인 그 여백이 물 흐르듯 자연스럽게 채워지는 것은 아니다. 그 여백이란 자아와 대상 사이에 놓여 있던 거리이거니와 그 빈 지대는 어떠한 것으로도 쉽게 메워지지 못한다. 따라서 이를 어떻게든 메우려는 시도는 당연히 이어질 수밖에 없는데, 그 노력의 한 자락이 시인에게는 그리움으로 표명된 것이다.

시인에게 어머니의 공백은 절대적인 것이었다. 어머니는 자아의 "허물을 덮고/가난을 덮고/아픔을 덮"어준 존재인 까닭이다. 말하자면 자아의 물리적 현존뿐만 아니라 정신적 현존까지 감싸 안은 절대 존재였던 것이다. 하지만 서정적 자아는 어머니의 그러한 역할에 대해 이해하지 못했거니와 어머니라는 존재가 사라지면서 비로소 깨닫게 된다. "덮어주다를 따라가다 보니/눈물길이 되었다"는 것이 바로 그러하다.

어머니는 자아에게 현존이면서 실존 그 자체였기에 시인의 시 세계에서 계속 서정화되는 전략적 담론 가운데 하나로 자리하고 있었다. 어느 시인에게 동일한 소재가 꾸준히 서정화되는 것은 그만큼 그것이 중요하다는 뜻이다. 시인에게 그리움의 정서는 미지의 공간 속에 존재하는 '당신'과 '어머니' 속에 스며들어 있었다. 이 둘은 모두 시인에게 이질적인 것이면서 궁극에는 동질적인 것이라는 점에서 의미가 있다. 그러니까 궁극에는 자아와 하나의 동일성을 형성하는 주요 매개라 할 수 있는데, 그 역능을 담당하고 있는 것이 바로 성찰의 정서이다. 시인에게 그리움이라는 정서가 내성과 같은 윤리의 영역과 분리되지 않는 것은 이런 이유 때문이라 할 수 있다.

3. 그리움의 정서를 만들어 낸 존재의 고민

시인의 실존이 무엇인지 또 어떤 방향성을 가져야 하는 것인지에 대한 모색이 시인 앞에 놓인 서정의 괴로움이었고, 자아는 그러한 정서로부터 일탈하는 방법적 의장에 대해 계속 고민하고 있었다. 자아와 대상 사이에 형성된 이질성, 혹은 비동일성을 초월하기 위해 그리움이란 정서를 포회하게 되었던 것이다. 그러니까 시인에게 그리움이라는 정서는 무엇인가 완벽하지 못한 것, 조화롭지 않은 것에 대한 감각이 뚜렷이 자각되었기에 형성된 것이다. 내성에 바탕을 둔 윤리적 완결성과 더불어 존재의 불구성에 대한 시인의 자의식이 평온한 서정의 물결에 파문을 일으키는 것도 이와 밀접한 관련이 있다고 하겠다.

> 힘줄 뻗친 다리로 수평을 맞춘 책상은
> 네모난 구역을 가졌다
>
> 언제든 기울 수 있다는 계시였지만
> 수평 위에서 짜내는 통증은
> 헐거워진 중심을 붙드는 일이었다
>
> 수평 위에 펼쳐진 종잇장에는
> 두 번 붓고 열 번 남은 적금통장과

계약 만료 다가오는 월세 계약서와
진부한 언어들이 고개를 든다
살아 있다는 것은
안간힘으로 버티다
언제든 무너질 수 있는
삐끗거리는 다리 하나

―「책상에 앉아서」 전문

  사물을 응시하는 시인의 시선은 예리하고 단정하다. 시인이 만들어 내는 언어의 주름은 이미지스트가 갖추어야 할 포오즈를 모두 담지한 듯 보인다. 그만큼 시인의 시들은 정제되어 있고 세련되어 있다. 그가 토해 내는 언어의 숨결을 마시고 나면, 독자의 정서가 무언가 정돈되고 청량한 감각으로 새롭게 환기되는 것도 이 때문이다.

  시인은 사물을 예각화하면서 이를 시인의 정서와 거리가 있는 대상으로 고립시키지 않는다. 거기서 서정적 자아가 마주한 현실을 대입시켜 그 실존의 의미라든가 현존의 불구성에 대해 읽어내려 하는 것이다. 시인의 시들이 대상을 화려하게 수놓는 풍경화의 수준이 아니라 형이상학적 현존의 차원에서 그려지는 것은 이 때문이다.

  인용시의 소재가 된 책상이란 균형을 전제한다. 만약 이 가운데 하나라도 잃게 되면, 조화라든가 균형 감각은 사라지게 된다. 그러니까 책상은 안정되어 있는 듯 보이지만 경우에 따라서는 매우 불안해 보인다. 불안이란 균형이라든가 안정이 무너질 수 있다는 전제가 있기에 성립되는 정서이다. 서정적 자아가 이를 인식하고 있다는 것은 책상과 비유된 자신의 실존 또한 그러한 위험에 노출될 수 있다는 증거일 것이다.

완전하지 못한 존재이기에 늘 실존의 불안에 시달릴 수밖에 없는 것이 근대적 인간의 숙명이다. 그것은 근대적 인간이 영원을 상실한 탓도 있고, 종교에서 말하는 원죄의 덫에서 결코 벗어날 수 없다는 숙명과도 관련이 있을 것이다. 그렇기에 인간은 영원성이라든가 존재의 완결성 같은 것을 생리적으로 추구할 수밖에 없다. 그러한 도정이 만들어 낸 것이 실존에 대한 불안이고, 존재에 대한 근심일 것이다.

　　이빨 자국으로 남겨진 피자 조각
　　알맹이만 빼먹고 돌돌 말린 사과 껍질
　　믹스 커피 말라버린 종이컵
　　마구잡이 쓰레기통에 넣었다

　　너는 무엇이냐고 시시때때로
　　묻는 나에게

답 한번 못해 준
물음표를 함께 넣었다

쓰레기 수거 날
모아진 쓰레기통을 여니
우~~ 날아오르는 날파리들

다시는 꺼내 보지 않으리라
버린 생각의 부스럼들
어두운 통 속에서도 부화하고 있었다
―「부화(孵化)의 법칙」 전문

  이 작품이 만들어지는 배경 역시 일상이다. 말하자면 일상에 대한 뚜렷한 응시와, 그로부터 얻어지는 언어의 마술이 빚어내는 것이 이 시의 음역인 셈이다. 시인의 손에서, 아니 일상의 현실에서 버려지는 공간, 곧 쓰레기통은 이 작품에서 두 가지 의미를 내포한다. 하나는 일상의 그것이고, 다른 하나는 형이상학의 그것이다. 일상에서 우리는 용도가 다한 것을 자연스럽게 폐기한다. 그것이 모이는 곳이 쓰레기통인데, 문제는 그러한 폐기물이 완전히 없어지지 않는다는 사실이다. 버려진 것들은 그곳에서 자가 발전을 거듭하며 새로운 존재로의 변신을 시도하기 때문이다.

  이 전환은 물리적인 차원에만 한정되는 것이 아니다. 서정적 자아 속에 내포된 실존적인 것들 또한 동일한 운명 속에 놓여 있기 때문이다. 그러한 운명이 내성이나 성찰과 같은 윤리의 영역에 놓이는 것은 당연한데, 어떻든 물리적인 것들과 마찬가지로 형이상의 영역에 속하는 이런 관념의 영역들도 새로운 변이 과정에 동참하게 된다. "쓰레기 수거 날/모아진 쓰레기통을 여니/우~~날아오르는 날파리들"이 있는 까닭이다. 버려진 것이 새롭게 부활한다는 것은 그 행위가 완결되지 않았다는 것을 의미한다. 그러니까 자아가 시도하는 수양이 성공하지 못했다는 뜻이다.

    까시러진 어둠이
    불면의 돌기로 돋는 밤

    곤한 잠자고 싶어
    7일분 수면제를 처방받은 날

    칸칸이 들어 있는 알약
    0.25mg 한 알로 단잠 잘 수 있다면

일곱 알 한꺼번에 삼키면
밤마다 냉혹한 사할린을 떠도는
거미줄에 걸린 상념 제치고
꿀잠이 올까

　　　　　　　　　—「0.25mg의 유혹」 전문

  유혹이란 어떤 자아가 스스로의 역량으로 해결할 수 없을 때 이끌리는 정서이다. 뿐만 아니라 팽창하는 욕망을 제어하지 못할 경우에도 이 정서에 휘말리게 된다. 시인이 이 작품에서 말하고자 하는 것은 물론 전자의 경우이다. 서정적 자아는 자아의 완결이나 실존의 불안을 인식하고 이를 초월하고자 하지만 그곳에 이르지 못한다. 「부화(孵化)의 법칙」에서 표명된 것처럼 자아의 비동일적 요소들을 사상시키기는 것이 쉬운 일이 아니기 때문이다. 그래서 서정적 자아는 스스로의 힘이 아닌 이타적인 대상에 의지하여 자신의 윤리적 수양에 이르고자 한다. 고민하는 이성을 마비시켜 순간적으로나마 그 예민한 방황으로부터 자의식적 해방을 느끼고자 하는 것이다. 하지만 '올까'라는 회의의 정서가 말해주듯 이런 행위에 대해 어떤 확신이나 자신감이 예비된 것은 아니다.

4. 존재의 완결을 향한 내성의 윤리

존재론적 한계에 대한 의식이 완결된 자아로 향하고자 하는 욕망이란 누구에게나 내재하는 정서이다. 특히 자아와 세계의 불화 속에서 이를 초극하려는 서정적 자아라면 이런 욕망은 다른 누구보다도 더욱 강하게 느낄 것이다. 하지만 욕망이 있다고 해서 이 영역에 이르는 것은 아니거니와 어떤 문화적 교양에 흠뻑 젖어든다고 해서 가능한 영역도 아니다. 서정적 자아가 이런 불화 앞에 좌절하는 것도 이 때문이다. 하지만 초월하기 어렵다고 해서, 또 좌절의 지대로 이끈다고 해서 이러한 탐색을 멈추거나 포기하는 것도 쉬운 일이 아니다. 자아와 세계의 불화 속에서 이를 뛰어넘는 조화의 지대를 찾아나서는 것이 서정시인의 운명이기 때문이다.

>브라운관 옆
>삼 년 된 고무나무
>
>아이 손바닥 같은 순한 잎
>시시때때로 물주고
>창문으로 바람 몇 점 들락거리더니
>제법 두둑한 배짱이 생겼다
>
>먼저 자란 잎에 기대

맨 꼭대기 배추벌레처럼 굽은 등을 굴린
연두 잎 하나
몸을 뒤틀며 올라섰다

물끄러미 바라보자니
한동안 꿈에도 오지 않으셨던 아버지
한 말씀 던져 놓고 가신다

"웃자라지 말거라"
—「뱅갈고무나무」 전문

내성이라는 윤리를 실천하면서도 그러한 도정이 자기화되지 못하고 끊임없이 방황의 늪에 놓여 있었던 것이 서정적 자아의 행보였다. 이런 도정은 그만큼 실존의 한계라든가 존재론적인 고독을 초월하는 일이 난망한 일임을 말해주는 주요 근거가 된다. 그런 한계 상황 때문에 서정적 자아의 고민은 시작된 것이고, 이를 초월하기 위한 순례의 행보가 이루어지는 것이 아닐까 한다.

「뱅갈고무나무」는 그러한 서정적 자아의 의도를 잘 드러낸 작품 가운데 하나이다. 지금 자아는 실내의 한켠에서 성장하고 있는 고무나무를 응시한다. 정성스러운 보살핌을 받은 고무나무이기에 이 나무는 자신만의 공간을 아무런 방해없이 만들어나간다. 두둑하면서도 배짱좋게 성장했거니와 경우에 따라서는 "맨 꼭대기 배추벌레처럼 굽은 등을 굴린/연두 잎 하나/몸을 뒤틀며 올라설" 정도로 자유분방한 성장을 이룬 것이다. 그러한 모습을 서정적 자아는 아무런 자의식의 개입없이 무매개적으로 응시한다. 이런 의장은 「꽃차」에서 펼쳐보인 자아의 모습과 하등 다를 것이 없다는 점에서 이채롭다. 대상의 응시 속에서 새로운 인식 전환을 만들어 내는 시인의 수법들이 마치 쌍생아의 모습처럼 비춰지고 있는 까닭이다.

그렇다고 해서 인식의 전환이 하나의 형이상학적인 문제의식으로 동일하게 귀결되는 것은 아니다. 「뱅갈고무나무」에서는 자아 스스로가 할 수 없는 영역이었기에 새로운 질서를 자신에게 요구하고 있다. 그러한 질서를 규율하는 주체는 다름아닌 '아버지'이다. "웃자라지 말거라"라는, 아버지가 서정적 자아에게 주는 경계의 담론이 바로 그것이다. '웃자람'이란 모가 나는 것이고, 이러한 돌출이 조화라든가 질서와 거리가 먼 것임은 당연한 일이다. 다시 말하면 내성이라는 수양의 공간에는 한참 못 미치는 것이다. 내성이 갖춰지지 못하면서 어떻게 타자와의 아름다운 질서를 이야기할 수 있는 것인가. 시인이 '러닝머신' 타면서 현존에 맞는 보폭을 찾으려 한 것도 이와 무관한 것이 아니고(「러닝머신」), '매미'의 울음 속에서 조화로운 소리를 찾고자 한 것도 이와 밀접한 관련이 있는 것이라 할 수 있다(「매미 울고」).

    터덕터덕 헛발질 몇 번 하던
    옥상 벽시계가 멈췄다

    꽃대궁 노랗게 밀어올린 수선화
    맥없이 고꾸라진 봄

    담장에 납작 붙어
    쪼개진 담벼락 틈으로
    제집인 줄
    대가리 들이대는 바퀴벌레

    종이, 가죽, 머리카락, 비누, 치약, 본드, 손톱
    닥치는 대로 삼키며
    쏘다니는 그 얼굴

    집 하나 갖지 못한 채
    화석의 시간을 건넌다
                      —「라쿠카라차」 전문

라쿠카라차는 바퀴벌레의 일종으로 오랜 세월동안 화석인 채로 있다가 발견된 생물이다. 시인이 이 작품에서 특히 주목한 것은 이 벌레의 소유욕이다. 말하자면, "집 하나 갖지 못한 채/화석의 시간을 건넌다"라는 부분인데, 바퀴벌레는 생존을 위해서 닥치는 대로 쏘다니며 먹는 삶을 즐겨 살아왔다. 하지만 그에게 소유라는 개념은 애초부터 존재하지 않았다. 자신의 집은 갖지 못한 채 오랜 세월을 화석으로 남겨질 수 있는 공간만을 차지하고 있었다는 것이 이 시의 요지이다.

　자신만의 고유한 집을 갖지 못했다는 것은 인간적인 관점에서 비롯된 것일 수 있다. 인간은 자연이 부여한 경계를 넘어서 자신만의 소유욕, 곧 욕망을 무한대로 발산하는 존재이기 때문이다. 이런 행보는 분명 자연의 질서를 뛰어넘는 영역이다. 이렇게 팽창하는 욕망이 실존의 한계를 만들었거니와 이 시대의 위기담론 또한 만들어왔다. 만약 인간이 자연이 부여한 경계 내에서 실존하고 있었다면, 존재론적 한계라든가 영원의 세계로부터 벗어나지 않았을 것이다. 자연은 인간의 그러한 한계와 욕망에 경고의 메시지를 던진다. '라쿠카라차'는 그러한 인간의 어리석음에 대해 경고하고 자연으로 되돌아가라고 환기하는 것처럼 보인다.

층층이 바다를 품은 다랭이에는
　　상추 시금치 봄동 양파 유채 모두
　　바다와 결을 맞춘다

　　바다가 내어준 바람을 따라
　　조붓한 고랑마다 물길을 내고
　　짭쪼름한 해풍 맞은 이랑에는
　　잡초가 꽃인 듯
　　꽃이 너울인 듯 아리랑 춤을 춘다

　　춤사위 끝을 따라가다 보면
　　나를 지켜보는 등대가 있다

　　　　　　　　　　—「다랭이 마을」 전문

　시인은 자연이 주는 한계를 이해하고, 이 영역을 벗어나지 않을 때 '등대'가 보인다고 했다. 이 작품에서 자연이란 '바다'의 은유이다. 그러니까 자연을 향한 길, 곧 바다와 보조를 맞출 때 "잡초가 꽃인 듯/꽃이 너울인 듯 아리랑 춤을 춘다"고 했다. 말하자면 각각의 사물은 자연의 질서에 일치시킬 때, 사물은 하나가 된다고 이해하는 것이다. 그 하나됨의 세계 너머에 '등대'가 있었거니와 '등대'란 어두움을 비추는 안내자 내지는 길잡이 역할을 한다. 길잡이와 함께한다는 것이야말로 현존의 한계를 넘는 지름길일 것이고, 또 존재론적 한계를 초월하여 영원의 길로 나아가는 통로가 될 것이다.

  서정적 자아는 자신의 실존이 갖는 모순이나 한계를 극복하기 위해 이렇듯 자연에 기댄다. 시인은 그것이 '자연'이라고 표나게 이야기하고 있지는 않지만, 언어의 내포를 통해서 이를 잔잔하면서도 힘있게 말하고 있다. 그것이 이 시인만이 갖고 있는 서정의 힘일 것이다. 그리고 이를 뒷받침해주는 것이 서정의 물결이 아롱진 단정한 언어의 주름이다.

시인의 말

미숙아로 내 손을 떠나
지면을 차지했던 작품들을 끌어 모아
내 생(生)의 나이테만큼
57편의 작품을 한데 묶는다

때로는 눈물이 쏙 빠지도록 치열했고
삶에 지쳐 무릎 꿇을 때마다
바람 길을 내주었던 시(詩)

웃고 울며 지나온 시간들이
결코 녹록치 않았음을 고백한다
시(詩)가 나를 지켜 주었다

고맙고 미안하다

2024년 10월
이영옥

다시 제자리

2024년 11월 15일 초판 1쇄 펴냄

지은이 _ 이영옥
펴낸이 _ 양문규
펴낸곳 _ 詩와에세이

신고번호 _ 제2017-000025호
주　　소 _ (30021)세종특별자치시 조치원읍 충현로 159, 상가동 107-1호
대표전화 _ (044)863-7652
팩시밀리 _ 0505-116-7653
휴대전화 _ 010-5355-7565
전자우편 _ sie2005@naver.com
공 급 처 _ 한국출판협동조합
주문전화 _ (02)716-5616
팩시밀리 _ (031)944-8234~6

ⓒ이영옥, 2024
ISBN 979-11-91914-70-2 (03810)

* 지은이와 협의하여 인지는 생략합니다.
* 이 책 내용의 전부 또는 일부를 재사용하려면 반드시 지은이와
  詩와에세이 양측의 동의를 받아야 합니다.
* 책값은 뒤표지에 표시되어 있습니다.
* 이 책은 2024년도 대전광역시, (재)대전문화재단에서 사업비를 지원받아
  발간하였습니다.